Andrea und David Sparrow

CITROËN 2 CV

Dieses Buch widmet David Sparrow seinen Eltern Eve und James Sparrow

Erstmals veröffentlicht durch Veloce Publishing Plc, Godmanstone, Dorset DT2 7AE, England, 1993

Titel der Originalausgabe: Citroën 2 CV – The Family Album

Übersetzung: Halwart Schrader

Satz: Apple Macintosh

Litho, Druck und buchbinderische Verarbeitung: PH Productions Pte Ltd., Singapore

Printed in Singapore

ISBN 3-921796-16-4

CITROËN 2CV

»Unsere Ente – weißt du noch?«

Andrea und David Sparrow

Schrader Verlag

MERCI !

Wir sind vielen Freunden zu Dank verpflichtet, die an der Entstehung dieses Buches Anteil hatten.

In Frankreich halfen uns Agrel Hoeg, Florence Lebottel und Marcel Allard von Citroën Paris sowie Daniel Girod-Roux.

In England waren es Nick Thompson vom Sussex 2 CV Club, Ray Williams, Chantelle und Heidi Jones, Jenny Irving, Thomas Eckered, Steve Hill, David Adams, John Miller, Malcolm Henry, Mike und Pat Lancester, Colin Cusworth, Larry Griffiths, Julia Bragg, Richard Nelson, Mark und Pamela Haynes, Lesley Cooke, Malcolm Blanksby, Jane Dixon, Jancie McHardy, David und Marion Lanham, Sarah und Roger Keable, Jennifer Leslie, Jane Tweed, Jeremy Moss, Peter Harper, Trevor Richardson, Jon Colley, Roy Eastwood, Julia Hodgkin, Simon Thomas, Leigh Gooding, David Conway, Carole Stevens, Andrew Minney, Joanna Kelly sowie die P&O Ferries.

In den Niederlanden unterstützten uns Frans van de Water, Tim van Daal, Gert Jan Pelt, Jost Jager, Willem Aal, Martin Punter, Esther Pangemanen, Lies Linnekamp, Marcel Koops, Sandra, Paul-Frank Moerman, Bouwen und Susan Scheygrond, Johan und Joke van der Wal, Paul van den Berg, Gerard Snijders, René Vas, Ellen und Henk Bovenkerk, Marcel van Schaik, P. J. Goverde, Paul Verwey, Hans und Loes Monsee, Hettie Haan, Henk van Wezel, F. H. Friederich, Peter van Velzen, Annelies Kamerbeek, C. P. de Haan, M. W. Goree, Ton de Graf, die Familie Koolmees, André van Wageningen, Trudy Hermans.

Ganz besonderer Dank gilt Jan de Lange. In der Schweiz half uns Alfred Gut.

Dieses Buch kam also unter internationaler Beteiligung zustande und läßt damit erkennen, wie groß die 2-CV-Familie ist…

Andrea und David Sparrow

INHALT

1
VIVE LA FRANCE !

Citroën gehört zu Frankreich wie die Trikolore und der Rotwein. Das blaugelbe Markenzeichen dieses 1919 gegründeten Automobilfabrikats fand man schon in den zwanziger Jahren an der Einfahrt zahlreicher Werkstätten in Stadt und Land; Citroëns Popularität übertraf bald die der gesamten Konkurrenz.

In seinen ersten Tagen war der zwar bereits vor dem Kriege entwickelte, aber erst im Oktober 1948 offiziell präsentierte 2 CV ein unauffälliges, dunkelgraues Gefährt mit hellgrauen Felgen, denen man später eine beigefarbene Lackierung gab. Der 2 CV war ein Nutzfahrzeug, gedacht für die Fahrt zur Arbeit oder als Vielzweckvehikel für den Bauern. Man transportierte Werkzeug, Kartoffel- oder Futtersäcke mit dem 2 CV. Aber die Zeiten änderten sich, und allmählich begann das Auto, eine Doppelrolle zu spielen.

Auf dem Lande sind vom Zahn der Zeit angenagte und mit etlichen, ein rauhes Dasein bezeugenden Beulen verzierte Spezies noch immer allenthalben zusehen. Abends stehen viele von ihnen vor den Bars ländlicher Ortschaften.

In der Stadt fand der 2 CV eine ganz andere Akzeptanz. Er avancierte zum schicken Stadtwagen, zum Zweitauto, zu einem Alternativmobil der jungen Generation. Und keineswegs nur in Frankreich, der 2 CV eroberte sich die Herzen aller jungen und junggebliebenen Menschen in ganz Europa und vielen überseeischen Gebieten. Denn die Unterhaltskosten des anspruchslosen Zweizylinders mit anfänglich nur 375 ccm Hubraum waren minimal, der Benzinverbrauch gering. Erst ab 1954 hatte der luftgekühlte Boxermotor 425, ab 1963 schließlich 597 ccm. Mit dem 2 CV entwickelte sich eine ganz neue Mobilitäts-Philosophie.

Einen Citroën zu fahren war gerade außerhalb Frankreichs jahrzehntelang ein Bekenntnis zur französischen Lebensart wie die Leidenschaft für Jean-Paul Sartre oder Albert Camus, Bernard Buffet, Charles Aznavour oder Edith Piaf. Und der 2 CV genoß einen besonderen Status, der sich auch in liebevoll ausgedachten Namen äußerte. In Deutschland hieß er bald nur »Döschewo« oder – besonders einprägsam! – »Ente«. In vielen jungen Familen gehörte die Citroën-Ente zum Hausstand, und sie war längst nicht mehr im einheitlichen Grau lackiert, sondern in hellen, freundlichen Tönen, die für einen Export geradezu eine Voraussetzung darstellten. Übrigens war die Nachfrage nach dem 2 CV

Bleu-blanc-rouge: Kann es Farben geben, die für dieses französische Auto klassischer sind?

bei seinem Erscheinen so groß, daß der französische Inlandsmarkt ganze vier Jahre Priorität genoß, ehe das erste Exportmodell ausgeliefert wurde: Es gelangte in die Schweiz. Und der erste, nicht vor 1958 in Deutschland angebotene 2 CV war gar nicht einmal so billig: Er kostete damals immerhin 4650 Mark.

Ob wir den 2 CV als Arbeitsvehikel oder als automobiles Lustobjekt betrachten: Das Auto hat über all die Jahre nichts von seiner Ausstrahlung eingebüßt. Es wird zwar seit Mitte 1990 nicht mehr gebaut, gehört aber überall in Europa zum Straßenbild, ganz besonders natürlich in Frankreich. Und die Gemeinde der überzeugten Enthusiasten bekennt sich zu diesem Auto (selbst, wenn es gelegentlich mit gallischer Unberechenbarkeit streiken sollte) in aufrichtiger Liebe.

Vive la France heißt für sie: Vive la Citroën, und das ist im Falle 2 CV die Formel einer bewußt gelebten Weltanschauung.

Dieses Spot genannte Sondermodell erschien 1976. Die Abkürzung stand für Spécial Orange Ténéré und bezog sich auf die orange Lackierung mit weiß abgesetzten Streifen; Sitzbezüge und Verdeck waren ebenfalls orange; das orange-weiß gestreifte Sonnendach ließ sich bei zurückgeschlagenem Verdeck einspannen. Das Interieur entsprach bereits einem gehobenen Standard, wie ihn die Ente in den siebziger Jahren aufwies. Nur wenige Spots haben in gutem Originalzustand überlebt.

In dieser Lackierung hieß der 2 CV in Frankreich France 3, in Holland Transat, in England Beachcomber.

In seiner Farbgebung war der weiß-orange Spot wirklich ein attraktives Fahrzeug.

A833FJV

Als sich Citroën zur Farbigkeit bekannte, war die Zeit der grauen Einheits-Ente vorüber. Hier drei Exemplare in den Farben der französischen Tricolore.

7.5T
At any time

Die Farben der berühmten Charleston-Serie standen dem 2 CV wirklich gut. Und der Name paßte zu diesem Fahrzeug ebenso ausgezeichnet wie die schwungvolle Linienführung, die nostalgischen Vorbildern folgte. Die Akzeptanz übertraf die Erwartungen Citroëns bei weitem, die Charleston-Ente wurde zu einem Bestseller, besonders in der Kombination Gelb-Schwarz. Aber auch die eleganten Zusammenstellungen Grau-Schwarz und Delagerot-Schwarz kamen hervorragend an. Die verchromten Scheinwerfergehäuse unterstrichen den Nostalgie-Look.

JR-08-RY

A367NJK

Eine ebenfalls sehr erfolgreiche Serie wurde unter dem Namen »Dolly« angeboten. Auch sie zeichnete sich durch gut aufeinander abgestimmte Zweifarbigkeit aus. Es gab sieben verschiedene Kombinationen; die grau-weiße (links oben) war die seltenste.

Ist ein 2 CV männlichen oder weiblichen Geschlechts? Wir sagen zwar der Döschewo, aber die Ente – doch beim Modell Dolly sind wir uns alle einig: Hier kann es sich nur um eine flotte Lady handeln. Die Citroën-Werbung

bezeichnete die Dolly übrigens als die Königin des Show Business!

65-16-UM

Der 2 CV als Stadtwagen überall in Europa. Ganz links vor dem Turm der alten Kathedrale zu Utrecht; oben in einem Städtchen im Loiretal, links vor einem College-Wohnhaus in Oxford…

... oder Rückkehr von der Bäckerei am Sonntagmorgen.

Oben: Die Ur-Ente in rustikalem Graublau und mit der Wellblech-Motorhaube. Unten: Ein 2 CV-Besitzer des 21. Jahrhunderts (vermutlich). Rechts: Idylle an der Kanalküste.

794 FEU

Eine von den Spuren alltäglichen Gebrauchs gezeichnete Ente in typisch niederländischer Landschaft.

So sah der 2 CV aus, als er in den sechziger Jahren die französischen Straßen eroberte und auch seinen Weg zu verwunschenen englischen Schlössern fand, damals noch ohne das dritte Seitenfenster.

2 WIE ES BEGANN

Der Vater des 2 CV hieß Pierre Boulanger. Gemeinsam mit Pierre Michelin hatte er1935, nach dem Tode des Firmengründers André Citroën, die Unternehmensleitung übernommen. Erst kurz zuvor war der später so berühmte Traction Avant präsentiert worden, auch als »Gangsterwagen« in die Automobilgeschichte eingegangen. Mit Drehstabfederung, Vorderradantrieb und einer selbsttragenden, wenn auch konventionell aussehenden Karosserie ein bemerkenswert fortschrittliches Auto, das aber zunächst nur Verluste einbrachte.

Aus der wirtschaftlich prekären Situation sollte ein gänzlich neuer Fahrzeugtyp herausführen, den zu entwickeln Boulanger dem begabten Chefkonstrukteur des Traction Avant, André Lefebvre, und dem Stylisten Bertoni als Aufgabe stellte. Das Projekt trug die Bezeichnung TPV: Toute Petite Voiture.

Ein erstes Holzmodell schuf man 1936; ein fahrbarer Prototyp stand zwölf Monate später auf seinen Rädern. Er wog nicht mehr als 300 kg und hatte einen 500-ccm-Motorradmotor von BMW unter der gewölbten Fronthaube. Bald darauf entstanden weitere zwanzig Versuchsfahrzeuge; aus Gründen der Gewichtsersparnis waren viele Teile der Karosserie aus Aluminium. Testfahrer waren indes der Ansicht, der Wagen sei zu leicht geraten und daher auch viel zu schnell.

Das Projekt erfuhr eine Unterbrechung, als Pierre Michelin bei einem Autounfall ums Leben kam. Erst 1938 nahm man es wieder auf und gab einigen Versuchswagen Karosserien aus Stahlblech, wodurch das Fahrzeug schwerer und in seiner Gesamtstruktur auch stabiler wurde.

Boulangers Absicht war es, den TPV auf der Pariser Automobilausstellung im Oktober des Jahres 1939 zu präsentieren. 250 Stück sollten bereitstehen. Doch nur ein einziges Exemplar dieser Vorserie wurde fertiggestellt, denn einen Tag später brach in Europa der Krieg aus. Alle Arbeiten wurden gestoppt, die Ausstellung konnte nicht stattfinden. Das Projekt TPV mußte abermals zu den Akten gelegt werden.

Während der Zeit der deutschen Besetzung Frankreichs war Boulanger besorgt, daß die Konstruktion seines Kleinwagens in die Hände des Gegners gelangen könnte, und er ordnete an, daß alles, was zu diesem Projekt gehörte, zu vernichten sei. Dennoch stellte er Kalkulationen auf, wie in der Zeit nach dem Kriege die Produktion dieses Autos realisierbar sein würde, für das er sich einen interessanten

Markt versprach. Es entstand während der Kriegsjahre sogar ein neuer Motor für den TPV, ein luftgekühlter Boxer, nachdem eine Reihe von wassergekühlten Aggregaten verworfen worden waren.

1945 ergab sich dann die Chance eines Neubeginns, und der TPV hatte einen hohen Stellenwert erlangt. Mit einem robusten, wirtschaftlichen Kleinwagen würde man Frankreich aus der Talsohle herausfahren können! Es dauerte aber bis zum Herbst 1948, ehe das erste Serienmodell gezeigt werden konnte. Citroën stellte es in einem metallischen Grau vor und nannte es, der französischen Steuerformel gemäß, schlicht »2 CV«.

Der einzige überlebende Prototyp des 2 CV aus den dreißiger Jahren. Noch mußte er mit einem Einzelscheinwerfer auskommen; Testfahrern konnte es passieren, daß man sie nachts für Motorradfahrer hielt.

Das Echo auf die Präsentation dieses ungewöhnlichen Autos war gewaltig. Das Konzept überzeugte: quasi ein Regenschirm auf Rädern. Immerhin hatte der Viersitzer zwei Scheinwerfer und einen elektrischen Anlasser, denn der Vorkriegs-Prototyp war einäugig gewesen und nur mit einer Andrehkurbel ausgestattet gewesen!

Auf dem 1948er Automobilsalon nahmen Zehntausende im 2 CV Platz, aber unter die Motorhaube durften sie nicht schauen. Die hatte Boulanger zuschweißen lassen, um vor allem der Konkurrenz Rätsel aufzugeben. So konnte man den Wagen auch noch keineswegs kaufen – das sollte bis zum folgenden Jahr dauern. Gleichwohl gab es eine Flut von Bestellungen. 228.000 alte Francs kostete der 2 CV bei seiner Auslieferung, ein Viertel mehr als ursprünglich veranschlagt.

Mit der schrittweisen Wiederherstellung annähernd normaler Verhältnisse im Lande nach den Kriegsjahren der Entbehrung und Zerstörung gewann das Auto zunehmende an Bedeutung. Die Franzosen hatten in bezug auf die Motorisierung schon immer zu den Pionieren in Europa gezählt, und so war auch der Citroën 2 CV ein Fahrzeug, dessen Wert sofort von jedermann erkannt wurde.

In vieler Hinsicht hatte sich das Serienmodell vom 1939er Prototyp entfernt, dennoch glich es ihm in auffallender Weise. Da waren die originellen Klappfenster anstelle aufwendiger Kurbelscheiben in den Türen, ein Stoff-Rollverdeck, das sich mit wenigen Handgriffen öffnen ließ und die Mitnahme sperriger Gegenstände erlaubte; ein mit der Tachowelle kombinierter Scheibenwischer, der mit zunehmendem Tempo schneller arbeitete; hängemattenartige Sitze mit Stahlrohrrahmen und Gummibändern als Federelemente.

Obwohl Boulanger angeordnet hatte, daß kein PTV überleben sollte, war einer der Versuchswagen aus den dreißiger Jahre zumindest in Teilen erhalten geblieben. Er gehört heute zu den wertvollsten Stücken der hauseigenen Oldtimer-Sammlung und befindet sich in hervorragendem Zustand. Seine archaische Urwüchsigkeit demonstriert das olivgrüne Gefährt beinahe mit Würde, zugleich mit einem Schuß Komik.

Man fand Teile dieses Wagens erst um 1970; der damalige Pressechef Jacques Wolgensinger sorgte für eine Rekonstruktion des Vehikels, das seither auf diversen Ausstellungen zu sehen war und stets aufs neue eine große Attraktion darstellt. Die geriffelte, elegant geschwungene Fronthaube, die halbkreisförmigen hinteren Türen, die permanent montierte Andrehkurbel, der winzige, noch wassergekühlte Motor, die an den oberen Karosserieholmen mit Drahtseilen aufgehängten Rückenlehnen der vorderen Sitze: In allen Details ist der Ur-2 CV ein origineller Meilenstein europäischer Automobilgeschichte. Es wäre ein Fehler gewesen, hätte man den TPV damals nicht ernstgenommen, auch wenn er vielen vielleicht wie die Karikatur eines »richtigen« Autos vorgekommen sein mochte.

Die hintere Tür des TPV alias 2 CV beschrieb in ihrer Form einen Halbkreis. Später nahm man das Design beim Lackierschema der Charleston-Ente wieder auf.

Nie hat ein Serienmotor eines 2 CV so ausgesehen. Es war ein wassergekühltes Versuchsaggregat; zwar auch ein Boxer, aber mit dem Kühler eines Citroën 11 CV.

3

DER 2 CV IM ALLTAG

Pierre Boulangers Zielsetzung mit dem 2 CV ließ sich klar umreißen. Ihm lag daran, den Franzosen ein Transportgerät in die Hand zu geben, das wenig kostete, problemlos zu handhaben war und sich für alle Aufgaben der Alltagsmobilität eignete. Das Privileg, ein Automobil zu besitzen, sollte mit dem Erscheinen des 2 CV nicht mehr allein den Besserverdienenden vorbehalten sein.

Sicher, Kleinwagen hatte es auch früher bereits gegeben. Aber sie alle hatten auch die typischen Nachteile kleiner Autos aufgewiesen: Beengte Raumverhältnisse für nicht mehr als zwei Insassen und kaum Möglichkeiten, Waren mitzunehmen. Boulangers Konzept sah von vornherein vier Sitzplätze vor, vier Türen und eine Ladefläche im Heck, um dort ein Faß, ein paar Säcke oder andere Güter unterbringen zu können. In Anbetracht der damaligen Straßenverhältnisse galt eine Spitze von 60, höchstens 70 km/h als ausreichend; wichtiger war das Erzielen eines Kraftstoffverbrauchs, der nur wenig über 3 Liter pro 100 Kilometer betragen sollte.

In einer Befragung unter der arbeitenden Bevölkerung in Paris und Umgebung wurde ermittelt, wie ein solches Fahrzeug wohl aussehen und was es letztlich kosten dürfte. Der 2-CV entstand also keineswegs als Produkt rein theoretischer Überlegungen.

Die Lieferzeiten für den 2 CV betrugen anfangs mehr als zwölf Monate. Landärzte, Hebammen und Angehörige anderer wichtiger Berufe, die auf ein Fahrzeug besonders dringend angewiesen waren, belieferte man bevorzugt. Außendienstarbeiter von Citroën zogen über Land und prüften von Fall zu Fall die Dringlichkeit einer Belieferung.

Der 2 CV erschloß seinen Benutzern gänzlich neue Bereiche der Mobilität. Denn der Landarzt mochte auch zuvor im Besitz eines Autos gewesen sein, doch mit dem 2 CV hatte er eines, das ihn auch auf extrem schlechten Straßen sicher ans Ziel brachte oder dorthin, wo es überhaupt keine Straßen gab. Die Bauern beförderten mit dem 2 CV bei herausgenommener Rücksitzbank ihre Waren zum Markt, mußten nicht mehr wie früher mit einem schwerfälligen Trecker anfahren und wertvolle Zeit damit zubringen, im Schrittempo die Landstraßen zu blockieren. Vor allem: Einen 2 CV fuhr auch die Bäuerin, die nie zuvor ans Autofahren gedacht hatte. Überhaupt veranlaßte die mühelose Handhabung dieses Autos erstmals viele Frauen, sich dem Thema Führerschein zuzuwenden. Nicht nur in Frankreich, versteht sich.

Handwerker und Gewerbetreibende aller Branchen fanden ebenfallls sehr schnell heraus, welche Tugenden der 2 CV hatte und wie man sie zu nutzen verstand. Für sie war dieses Auto ein Lastesel, eine fahrende Werkstatt, ein mobiles Arbeitsgerät – und sonntags eine Familienkutsche. Dabei gab es erst sehr viel später, nämlich ab Herbst 1959, eine Kombiversion; mit ihr vervielfachten sich die Verwendungsmöglichkeiten des 2 CV noch. Die Camionette mit ihrem unverwechselbaren Wellblechaufbau war zweisitzig und wartete mit 340 kg Zuladekapazität auf; als Viersitzer mit hinteren Seitenscheiben hieß diese Version Weekend. Eine einfachere Fourgonette als Nutzfahrzeugvariante des 2 CV hatte es in Frankreich bereits 1951 gegeben. Der 425-ccm-Motor, wie ihn das Auto ab 1954 aufwies, leistete inzwischen 12,5 PS, ab 1962 sogar 13,5 PS. Und 1963 gab es sogar eine 16,5-PS-Ausführung. Leistungssteigerungen gab es während der gesamten Produktionszeit der Citroën-Ente.

Alle Vorteile eines Kombiwagens verband dieser 2 CV mit einer weiteren Tugend, wie sie kein anderes Auto bis dato aufzuweisen hatte: das war die unglaublich elastische Federung. Das typische Schaukeln der Ente machte den Betrachter vielleicht vom Hinsehen seekrank; die Insassen empfanden es als höchst komfortabel, und das Transportgut wurde durch keinerlei harte Stöße gefährdet. Vorn und hinten weist die Ente Einzelradaufhängung an ungewöhnlich stark ein- und auschwingenden Längsschwingarmen mit Trägheits- und Reibungsstoßdämpfern auf; die vorderen Aufhängungselemente sind mit den hinteren durch horizontal angeordnete Schraubenfedern verbunden. Die 1959er Ente wog leer nur 490 kg, brauchte – wenn man ökonomisch zu fahren verstand – etwa 4,7 Liter Benzin auf 100 Kilometer und kostete inzwischen nur noch 3650 Mark. »Monpti« (mein Kleiner) sollte das Auto

Ländliche Idylle mit 2 CV. Nicht nur der Herr Pfarrer bedient sich der Ente, um die täglichen Wege zurückzulegen, für die man früher nur das Fahrrad zur Verfügung hatte.

BAKERY
& CAFE
Le Petit Paris
Le Petit Paris
OPEN

Nicht nur die Kunden der Bäckereien, sondern auch der Bäcker selbst zählte zu den frühesten Benutzern des 2 CV.

Französisches Savoir-vivre: Wer einen Döschewo fährt, weiß auch stilgemäß zu leben…

Den Vätern des 2 CV war es ein Anliegen, den Bauern Frankreichs ein universelles Arbeits- und Transportgefährt in die Hand zu geben. Gerade mit der Camionette ließ sich dieses Ziel hervorragend realisieren.

künftig heißen, doch dieser Name setzte sich nie richtig durch. In Deutschland blieb es bei der »Ente«, in der Schweiz war es halt »der Zweipferder«.

Die Kombiversionen wurden übrigens in der Panhard-Fabrik gebaut; die traditionsreiche Automobilfabrik Panhard & Levassor gehörte ab 1955 zum Citroën-Imperium. Die französische Postverwaltung PTT fuhr solche Autos ebenso wie Technische Einheiten der Armee; sogar die Britische Admiralität bestellte in den späten fünfziger Jahren eine Flotte von 30 Stück: Es waren die ersten rechtsgelenkten Enten-Autos.

In zahlreichen Ländern gab es Montage- und Lizenzversionen, und viele unterschieden sich in auffälligen Details vom Original. Nicht sehr hübsch sahen die im Iran und in Spanien gefertigten Camionettes aus; aus Chile kam ein halbwegs origineller Kastenwagen. 1978 stellte Citroën die Acadiane vor, mit etwas längerem Radstand und der Vorderpartie des 2 CV-Derivats Dyane. Auch dieser Kombiwagen erwarb sich viele Freunde in aller Welt.

Noch heute, viele Jahre später, begegnet uns die Camionette überall in Frankreich, als Lieferwagen, Verkaufsauto, Servicevehikel oder Bauernauto mit Offroad-Qualitäten – nicht zuletzt auch als Transportgefährt weitreisender Globetrotter.

In allen Ländern Europas begegnet uns die Camionette, auch Fourgonette oder – wie bei uns – einfach Kombi genannt. Die Acadiane als Nachfolgerin seit 1978 erfreut sich ebenso großer Beliebtheit.

Eine Art Familientreffen. Man erkennt diverse 2 CV, eine Camionette, einen Méhari, mindestens eine Dyane und – im Vordergrund – sozusagen die Hälfte eines Deux Chevaux.

Im warmen, milden Klima Südfrankreichs leidet ein 2 CV nicht allzu sehr unter Rostbefall. Dagegen erzählen zahlreiche Dellen an Kotflügeln und Stoßstangen vom harten Landleben.

Ein Verwandter des 2 CV, auch wenn man es ihm nicht ansieht: Der Panhard Dyna 54 (auch Typ Z1 genannt) mit luftgekühltem Zweizylinder-Boxermotor und Vorderradantrieb von 1953. Zur gleichen Zeit baute man bei Panhard in der Avenue d'Ivry für Citroën die Camionette. Ab 1955 war Panhard ein Teil der Citroën-Firmengruppe und ging in dieser 1967 zur Gänze auf.

Ein simpler Wellblechschuppen auf Rädern und zugleich die intelligenteste Lösung zahlreicher Transportprobleme.

4

AUF DER SPIELWIESE

Obwohl ursprünglich als Arbeitsgerät konzipiert, begann der 2 CV in vielen gesellschaftlichen Bereichen seiner Besitzer eine wichtige Rolle zu spielen. Auf frühen Inseraten zeigte man Familien, die mit großem Gepäck ins Wochenende fuhren; Kinder winkten fröhlich durchs geöffnete Rolldach. Draußen auf dem Picknickplatz nahm man die Autositze heraus und gruppierte sie zu einer zwanglosen Runde. Man wollte verdeutlichen, daß nun das Zeitalter unbeschwerter Mobilität angebrochen war und auch jene einen Ausflug ans Meer oder in die Hauptstadt unternehmen konnten, denen längere Reisen einst niemals vergönnt gewesen waren.

Reisen im 2 CV wurde zu einer weltweiten Bewegung. Eine der ersten Langstreckentouren, die auch publizistisch sehr herausgestellt wurde, war die Umrundung des Mittelmeers durch alle Anrainerstaaten. Dann unternahmen Jacques Cornet und Henri Lochon 1953 eine Durchquerung des amerikanischen Doppelkontinents von Nord nach Süd, vom äußersten Norden Kanadas bis Feuerland: eine 52.000-Kilometer-Reise. Auch die Weltreise der beiden Franzosen Jacques Seguela und Jean-Claude Baudot, über 100.000 Kilometer führend, fand in den Medien viel Beachtung. Sie starteten 1958 zehn Jahre nach der Präsentation des 2 CV am Portal des Pariser Ausstellungsgeländes.

In den späten sechziger und frühen siebziger Jahren organisierte Citroën eine Anzahl von Langstreckenfahrten in den Orient, »Raids« genannt. Tausende von 2 CV-Fahrern nahmen an ihnen teil. 1969 unternahmen 25 Méharis eine Marathonfahrt von Lüttich nach Dakar und retour. Als man ein Jahr später eine ähnliche Fernfahrt öffentlich ausschrieb, war das Echo unglaublich groß: 1300 Teilnehmer in 500 Autos aus 18 Ländern fanden sich am Start ein. Ein Teil der Strecke in Asien entsprach jener, die eine Citroën-Expedition bereits 1931/32 befahren hatte – auf der sogenannten Croisière Jaune. 1971 gab es einen Raid von Paris nach Persepolis im Iran. Der immense Zuspruch, den diese Fahrten fanden, machte eine Auswahl erforderlich; nicht alle, die sich gemeldet hatten, konnten teilnehmen.

1972 schließlich fand die wohl härteste Fernfahrt statt; sie führte in die afrikanische Ténéré-Wüste. In einzelnen Gruppen fuhr man los, begleitet von einem Techniker-, Ärzte- und Helfer-Team. Der 8000-Kilometer-Trip mit Tunis als Ziel war sehr anstrengend

Beim Cross bricht so manches ab, was später wieder angeflickt werden muß. Doch kein 2CV-Fall ist so hoffnungslos, als daß er für die nächste Veranstaltung nicht wieder einsatzfähig wäre!

und für Teilnehmer wie Fahrzeuge gleichermaßen ein Härtetest.

1972 kam ein weiterer Freizeitsport auf, ebenfalls von Citroën ins Leben gerufen und Pop-Cross genannt. Crossveranstaltungen mit Autos, für die man auf jedem Schrottplatz Ersatzteile bekam, um es immer und immer wieder drauf ankommen zu lassen: Das war ein Vergnügen, dem sich mehr und mehr Fans widmeten. Die erste Veranstaltung hatte in Argenton-sur-Creuse in einer nicht mehr genutzten Kiesgrube stattgefunden und fand schnell genügend Begeisterte, die den Bazillus weitertrugen. Am stärksten von ihm befallen wurde dann Holland. Es bildeten sich Clubs, und viele Citroën-Händler engagierten sich aktiv im neuen Sport ihrer jungen Kunden. Unter dem Begriff 2 CV Cross übernahm bald das Werk die Regie der internationalen Organisation.

Beim 2 CV Cross geht es nach strikten Regeln zu; es sieht für den Zuschauer wilder aus als es ist. Nur bestimmte Verstärkungen am Chassis sind erlaubt; alles Fensterglas muß entfernt sein, Türen und Kofferklappe werden zugeschweißt. Der Kraftstofftank erhält ein Spezialventil, das ein Auslaufen des Benzins verhindert, selbst wenn das Auto auf dem Kopf steht. Mehr als 5 Liter Sprit dürfen nicht getankt werden.

Rauhe Sitten auf der einen, tolerantes Laissez-faire auf der anderen Seite. Die Zigarettenfirma Gauloises setzte eine größere Zahl von Enten in Werbekampagnen ein und ließ sie zu hellblauen Diogenes-Tonnen, nostalgischen Mini-Wohnmobilen oder »Gangsterwagen« im 11 CV-Stil umbauen. In Basel widmet sich ein Club der Enten-Verfremdung durch Umbauten, die vom Hexenhäuschen bis zum Mondfahrzeug reichen. Bei kaum einem anderen Automobil zeigt sich der Hang zum Individualismus deutlicher als beim 2 CV, und groß ist daher auch die Zahl der Varianten durch An- oder Umbauten vom Bug (Rolls-Royce-

Kühler!) bis zum Heck, das etwa in Form eines ausladenden Kofferraums mit Camping-Einrichtung dem Wagen eine ungewöhnliche Silhouette verleiht, ohne dabei das 2CV-Typische zu verleugnen.

2 CV Cross ist nicht nur für die Teilnehmer und Zuschauer interessant, sondern auch für die Sponsoren!

Jede der Cross-Enten muß einen Überrollkäfig aufweisen, darf kein Scheibenglas enthalten und nur einen Sitz haben. Nicht mehr als 5 Liter Benzin werden getankt.

GAM Cuijk
VORSTENBOSCH TEL. 04130-67171
ROB ALMA UDEN
Wim Struyk
Molen-Breda
125
86
TURBEX
BFI
06-8444

Es sieht aufregend aus, vor allem durch die extreme Seitenneigung der Ente in schnellgefahrenen Kurven – dennoch gibt es beim 2 CV Cross nur selten einen ernsten Unfall.

uijk
21806
a.hak

Wer sagt denn, daß Hunde keine Enten mögen?

Frau, Hund und Ente: ein sympathisches Dreiecksverhältnis.

BRIGHTON METROPOLE
HOTEL

Mit der Ente können Sie beim Viersterne-Hotel ebenso gut vorfahren wie bei Ihrem Stammcafé.

Das Dach der Welt kann auch die Motorhaube eines 2 CV sein…

…und die Zutaten für ein Wochenend-Paradies können aus seinem Kofferraum kommen…

Kreuzungsversuch: Flamingo und Ente.

5

DIE LIEBE VERWANDTSCHAFT

Gibt es einen 2 CV, der keiner ist? Oder anders gefragt: Darf man den Méhari, die Dyane, den Bijou, den Ami auch als Enten bezeichnen? Nirgendwo ist definiert, welches der vielen 2 CV-Derivate auszunehmen wäre, und so seien sie hier auch sämtlich einbezogen. An allererster Stelle der Typ Sahara – ohne Zweifel eine klassische Ente, aber mit zwei Motoren! Dieser Allrad-Döschewo mit zusätzlichem Motor im Heck wurde 1958 fürs französische Militär entwickelt und zwei Jahre später auch auf dem Zivilmarkt angeboten. Erkennbar ist der Sahara an dem Reserverad auf der vorderen Motorhaube. Das Auto verfügt auch über zwei Getriebe, die synchron zu schalten sind, über eine höhere Bodenfreiheit, Radausschnitte in den hinteren Kotflügeln und einen doppelten Kraftstofftank unter den Sitzen. Nicht nur in der afrikanischen Wüste hat sich der Tout Terrain sehr bewährt; etliche wurden auch in die Schweiz (als Schneeräumer) oder an die spanischen Polizeibehörden verkauft. Doch nicht mehr als insgesamt 694 wurden hergestellt – diese Ente ist also eine Rarität.

1961 kamen Renault und Peugeot mit neuen Modellen auf den Markt. Citroën war im Zugzwang: Es erschien der Ami 6. Dieses Auto basierte in seiner Gesamtkonstruktion auf dem 2CV, hatte aber einen Motor von 602 ccm Hubraum und eine Karosserie, die erwartungsgemäß zur stilistischen Avantgarde zählte, dennoch zunächst viel Befremden auslöste. Vor allem wurde die Frage gestellt: Soll der Ami 6 etwa den 2 CV ablösen?

Er sollte es keineswegs. Aber eine Alternative darstellen in Richtung Mittelklasse. Und die Rechnung ging auf: Vom Ami 6 mit seinen hervorragenden Fahreigenschaften wurden enorme Stückzahlen verkauft; zeitweilig rangierte dieser Citroën an der Spitze der französischen Zulassungsstatistik.

1964 kam eine Kombiversion hinzu, der Ami Break, und seine Vielseitigkeit überzeugte auch die letzten Zweifler. 1969 nahm der Ami 8 die Stelle des Ami 6 ein, und obwohl er sowohl innen als auch außen gänzlich anders aussah, basierte auch dieser Wagen auf dem Grundkonzept des 2 CV. Schließlich kam als letzte Version der Ami Super hinzu mit dem 1000-ccm-Motor des Citroën GS. Jeden Ami gab es in der Standardversion, genannt Tourisme, oder mit gehobener Ausstattung als Modell Confort. Die Produktion des Ami währte bis zum Herbst des Jahres 1978. Der Ami Super kostete in Deutschland 6480 Mark, das waren

1700 Mark mehr als man für einen 2 CV bezahlte.

Ein weiterer Enten-Ableger war die Dyane, 1968 eingeführt. Wenn man beabsichtigt hatte, einen Nachfolger für den 2 CV vorzustellen, dann war diesem Auto eine solche Rolle zugedacht – doch die Ente behauptete sich weiterhin. Der 2 CV im Dyane-Gewand hatte auch sehr viel Enten-Ähnlichkeit, dazu etliche Komponenten vom Ami und war eigentlich so etwas wie ein Hybrid beider Modelle. Und fand auch seine Abnehmerschaft. Anfänglich wies die Dyane den bewährten 425-ccm-Boxermotor auf, bekam aber schon bald ein 435-ccm-Aggregat und hieß dann Dyane 4. Und mit dem inzwischen von 21 auf gut 28 PS erstarkten 602-ccm-Motor des Ami 6 entstand die Dyane 6. 1974 nahm Citroën die Dyane 4 aus der Fertigung, stellte aber zugleich einen attraktiven Weekend 6 vor mit umlegbarer Rücksitzbank.

Es gab das Modell Dyane bis 1982, ohne daß es ihm gelungen wäre, die klassische Ente zu verscheuchen. Aber mit ihren etwas strengeren Linien und den rechteckigen Frontscheinwerfern war auch die Dyane ein typisches Kind ihrer Zeit und fand überzeugte Liebhaber.

Diesem Auto, nach einer Göttin der Antike benannt, stellte Citroën eine Schwester zur Seite, die den Namen einer nordafrikanischen Kamelart erhielt: Méhari. Zuerst hieß dieser vielseitig einsetzbare, offene Pickup sogar Dyane Méhari, weil er in seiner Technik eine echte Dyane darstellte, wenn auch stark verfremdet in seinem äußeren Erscheinungsbild. Die flachbordige Wanne des mit niedrigen, herausnehmbaren Türen ausgestatteten Sonder-2 CV war aus einem elastischen Kunststoff- Material, leicht mit dem Wasserschlauch zu reinigen und von einer erstaunlichen Unempfindlichkeit. Allerdings erwies sich das Zeug auch als leicht entflammbar. Die meisten Exemplare wiesen nur zwei Sitze auf. Ein einfaches Stoffverdeck schützte gegen grelle Sonne, weniger gegen Wind oder Regen, selbst bei eingeknöpften Seitenteilen. Ab 1979 gab es auch ei-

Eigentlich sollte die Dyane den Platz des 2 CV einnehmen. Doch Citroën hatte die Rechnung ohne ihre Kunden gemacht. Die Dyane, nach der Göttin der Jagd benannt, hielt sich dennoch tapfer und fand viele Freunde.

PARK STREET
Toilets
Theatre Royal
Central Station
Royalty & Empire
Tourist Information
Coach Park
Riverside & Boat Trips
Riverside Station
OCF 412X

ne Version mit Vierradantrieb, und wie beim Modell 2 CV Sahara saß das Reserverad auf der vorderen Motorhaube.

Mit dem Méhari erschloß sich Citroën aufnahmefähige Märkte vor allem in den Ländern der Dritten Welt. Dort zeigte man aber auch Interesse am Lizenzbau des Méhari, und so entstanden in Vietnam der Baby Brousse und der Dalat sowie der FAF im Senegal. Wie beim 2 CV vollzog sich auch beim Méhari alsbald des Phänomen eines Doppellebens. Zweifellos als reines Arbeitsfahrzeug konzipiert, galt es an der Côte d'Azur und andernorts als »in«, mit einem knallgelben Méhari vor der Disco oder dem Tennisplatz zu parken. Das Auto schwamm mit der Buggywelle mit, und Citroën brachte sogar ein Freizeit-Sondermodell unter der Bezeichnung Azur heraus, weiß lackiert und mit blauweiß gestreiften Sitzbezügen. Dieser Méhari wies auch ein etwas wetterfesteres Verdeck auf.

Viele Freunde des klassischen 2 CV betrachteten die Dyane mit Geringschätzigkeit – leider zu Unrecht, denn dieses Auto hatte durchaus seine Qualitäten.

Erwähnung verdient aber auch der Bijou. Ein echter 2 CV, den es indes nur in Großbritannien gab, denn dort wurde er auch gebaut, und zwar von der in Slough beheimateten Tochterfirma des Hauses Citroën. Der in nur 200 Exemplaren hergestellte, coupéähnliche Zweitürer entstand, als man Ende 1959 die Herstellung rechtsgelenkter Original-Enten stoppte. Dieses Auto hatte bei den Briten weniger Akzeptanz gefunden als in den anderen europäischen Ländern, und so schickte man sich in Slough an, einen 2CV eigener Vorstellungen zu bauen. Der mit seiner nicht sehr geräumigen Kunststoff-Karosse eher sportlich wirkende 2+2 verfügte über einen sehr viel größeren Kofferraum im Vergleich zum französischen 2 CV.

Dennoch: Der Bijou geriet zum Flop, das Konzept war wenig überzeugend. Zumal jedes in Großbritannien gebaute Konkurrenzfabrikat dieser Größenordnung preisgünstiger war. So verschwand der 2 CV made in England alsbald von der Szene; später kamen dann wieder Import-Enten aus Frankreich über den Kanal geschwommen.

Die eigenwillige Karosserie des Ami 8 sorgt noch heute dafür, daß man sich nach diesem Auto umdreht. Längst ist es zu einem Liebhaberobjekt avanciert, so wie dieses prächtig restaurierte Exemplar eines holländischen Citroën-Enthusiasten.

99
08-63-GR

Eigenwillig in der Technik und im Aussehen: Der 1960/61 in England hergestellte Bijou auf Basis des 2 CV. Das Auto fand als Shopping Car nicht die Akzeptanz, die man sich von ihm versprochen hatte; mehr als 200 Exemplare ließen sich nicht verkaufen.

Die Firma Panhard wurde 1955 ein Teil der Citroën-Gruppe. Panhard-Automobile gab es aber noch bis 1967, und das Styling dieses CT 24, ab 1963 hergestellt, läßt den Einfluß der Citroën-Designer deutlich werden.

Der Ami 6 Break war ein komfortabler und sehr geräumiger Kombiwagen, konkurrenzlos in seiner Klasse – sieht man vom Renault 4 ab, dessen Konzeption diesem Auto am nächsten kam.

Die allradgetriebene Variante des Méhari hatte serienmäßig vier Sitze und das Reserverad auf der Motorhaube. Allerdings kam dieses Auto im Vergleich zum 2 CV Sahara mit nur einem Motor aus. Der Hinterradantrieb war zuschaltbar.

Ein ganz besonderer 2 CV: Das allradgetriebene Modell Sahara mit dem Ersatzrad auf der Fronthaube, ausgeschnittenen hinteren Kotflügeln und den Kraftstofftanks unter den Sitzen. Die Einfüllstutzen ragen durch Öffnungen in die Türen. Damals waren die vorderen Türen der Ente noch am Mittelpfosten angeschlagen; erst 1964 wurde dies generell geändert.

Den 2 CV Sahara stattete man mit zwei Anlasserknöpfen und zwei Chokes aus, denn das Auto hatte ja auch zwei Motoren. Wie die Commerciale wurde die Sahara-Ente im Panhard-Werk gebaut.

Im Heck des 2 CV Sahara saß der zweite Motor, der die Hinterräder antrieb. Für den Lüfter gab es einen großen, rechteckigen Lufteinlaß im Heckdeckel.

6 Die Enten-Großfamilie

Während der Citroën 2 CV im Laufe seines langen Daseins in der Grundkonstruktion unverändert blieb, unterzog man sein Äußeres doch zahlreichen Retuschen. Fangen wir beim Kühleremblem an. Beim allerersten 2 CV saß der Doppelwinkel, seit jeher das Logo des Hauses, in einem ovalen Rahmen. 1955 verschwand dieses Oval; der Doppelwinkel befand sich jetzt sozusagen freischwebend in der Mitte des Grills, der eine strenge geometrische Form bekommen hatte, aber noch immer ein Loch für die Andrehkurbel aufwies. 1960 erhielt der Grill eine flachere Form mit bogenförmiger Oberkante; der Doppelwinkel teilte ihn wohlproportioniert in der Mitte. Nach sechs Jahren nahm man das Zeichen wieder heraus und pflanzte es in Miniaturausgabe darüber. Drei stärkere Stäbe betonten die Horizontale. 1974 war der Doppelwinkel erneut drin, diesmal wieder etwas größer, dafür entfielen die horizontalen Stäbe zugunsten einer stärker betonten Kunststoff-Einfassung des Grills.

Die Motorhaube wechselte nur einmal ihre Gestalt, nämlich als man ihr 1961 die Wellblechform mit 21 Längsrippen nahm. Seither wies sie nur mehr sechs schmale, von der Windschutzscheibe bis zur vorderen Stoßstange verlaufende Sicken auf. Zugleich entfielen die seitlich in der Motorhaube eingefügten Lüftungsschlitze und machten einem gepfeilten Lufteinlaß Platz.

Unter der Motorhaube gab es Veränderungen in großer Zahl. Hatte der erste Motor des 2 CV noch 375 ccm und eine Leistung von 9 PS, so erhielt er 1954 stolze 425 ccm und 12 PS; 1970 war man bei 435 ccm und 24 PS angelangt – das war der 2 CV 4. Mit dem 28,5 PS starken 602-ccm-Motor des Ami 6 bestückte man ab 1970 schließlich den 2 CV 6.

Auch das Interieur der Ente wurde ständig verbessert, um den Insassen ein größeres Maß an Komfort bieten zu können. Spartanisch blieb die Ausstattung dennoch; Plüsch und Zierat gab es in der Ente zu keiner Zeit. Die Standardfarbe der Sitze war zunächst Grau; erst ab 1955 erhielt man wahlweise auch ein blaukariertes Schottenmuster. Das Instrumentarium beschränkte sich auf ein Ampèremeter und ein Tacho, das am linken Fensterholm befestigt war. Einen Zündschlüssel gab man der Ente erst ab 1953, eine Heizungs/Lüftungsanlage nicht vor 1957.

Die mittsiebziger Jahre bescherten uns eine Fülle von stilistischen Änderungen im gesamten Automobilbau, auch bei der Ente – man verpaßte ihr rechteckige Scheinwerfer, deren es wirklich nicht bedurft hätte. Zum Glück wurden sie ein paar Jahre später wieder rund. Anfänglich gab es auch nur ein Rück- und ein Bremslicht (die damaligen Vorschriften ließen dies zu); Blinker führte Citroën 1955 ein.

Auch die Rundumsicht erfuhr nach und nach Verbesserungen. So machte die Breite des rückwärtigen Fensters bis 1957 höchstens die Hälfte der Verdeckbreite aus; dann vergrößerte man das Guckloch beträchtlich. 1966 gab man der Karosserie hinten ein drittes Seitenfenster, sa daß die hinten Sitzenden nicht nur einen besseren Ausblick hatten, sondern der Fahrer auch müheloser rückwärts einparken konnte.

Die Motorhaube einer älteren und einer etwas jüngeren Ente. Der Kühlergrill war im Laufe der Jahre mehrfach geändert worden.

Die ersten Enten wiesen ein Leinwand-Rolldach auf, daß sich von vorn bis an die obere Kante des Rückfensters und von hinten bis an dessen Unterkante zurückschlagen ließ. Ab 1957 ersetzte man die Leinwand durch ein PVC-Gewebe und gab dem Kofferraum einen Deckel aus Blech.

Natürlich gab es fortlaufend unzählige weitere Verbesserungen, die optisch nicht erkennbar waren. Der Liebhaber weiß sie alle aufzuzählen. Die signifikanten Merkmale machen es leicht, einen Oldtimer zu identifizieren: man braucht ja nur auf die Motorhaube oder auf den Kühlergrill zu schauen.

Die ab 1953 in Slough hergestellten Anglo-Enten wiesen eine Reihe weiterer Besonderheiten auf. Zum Beispiel die nach oben öffnenden Klappfenster auch in den hinteren Türen sowie Winker, bevor Blinker obligatorisch wurden. Sie ließen sich pneumatisch betätigen und klappten nach einigen Sekunden selbsttätig wieder in ihr Gehäuse zurück. Auch hatte der englische 2 CV von Anfang an schmucke Radkappen sowie einen Kofferdeckel aus Blech, sogar zum Absperren und mit einem Citroën-Schriftzug versehen, der vom (ebenfalls in Slough als Lizenzprodukt hergestellten) Traction Avant 11 CV, dort Light Fifteen genannt, stammte. Auf der Motorhaube gab es zudem eine richtige Kühlerfigur in Gestalt einer blau-gelben Kokarde mit blankem Aluminiumschweif und der Aufschrift »Citroën Front Drive«. Man konnte darin ein stilisiertes Auto im Art-Deco-Design erkennen.

Bis Ende 1959 gab es den in Slough gebauten 2 CV; dann trat eine vierjährige Pause (mit dem Bijou-Intermezzo) ein, ehe 1964 wieder ein Rechtslenker auftauchte, jetzt als Exportversion auf dem Kontinent hergestellt.

1982 endete auch die 2 CV-Produktion in Frankreich. Noch im Herbst hatte man in ganz Europa eine große Werbekampagne für den 2 CV gestartet, der anschließend im portugiesischen Werk Mangualde weitergebaut wurde. Das letzte dort produzierte Fahrzeug verließ das Band am 27. Juli 1990. In 42 Jahren waren fünf Millionen Enten hergestellt und verkauft worden; 348.000 hatten in Deutschland ihre Käufer gefunden. Und jeder einzelne von ihnen dürfte mit seinem Auto viele glückliche Stunden erlebt haben.

Die seitlichen, im 45-Grad-Winkel angeordneten Lüftungsschlitze in der Motorhaube früherer Fahrzeuge passen ganz ausgezeichnet zum Gesamtstil des alten 2 CV.

1957: Die Einheitsfarbe ist Grau, die vorderen Türen haben ihre Scharniere an der Mittelsäule, und noch gibt es kein drittes Seitenfenster…

SUSSEX 2CV

… doch ein paar Jahre später hat Citroën längst Farbe bekannt, sich mit vorn angeschlagenen Türen den Zulassungsvorschriften angepaßt und dem 2 CV ein drittes Seitenfenster spendiert.

Die runden, aufgesetzten Scheinwerfer trugen sicher einiges zum Kosenamen »Ente« bei...

Später gab es einige Zeit lang rechteckige Scheinwerfer. Ob sie Vorteile brachten, darf dahingestellt bleiben.

Die Kunden bestanden jedenfalls auf der klassischen Rundform der Lampen – und erhielten sie schließlich auch wieder.

Schritt für Schritt, Stufe für Stufe wurde der 2 CV Änderungen unterzogen. Im Grunde blieb es aber immer bei der Grundform, mit der dieses Auto Millionen von Herzen eroberte.

Das Leinwand- oder PVC-Verdeck, das auch den Kofferraum überspannte, konnte auf Dauer keine Lösung sein. Dankbar wurde 1958 die Einführung einer Abdeckung aus Stahlblech begrüßt.

Die Schwestern Chantelle und Heidi Jones arbeiten als Mechanikerinnen in einer englischen Citroën-Werkstatt.

Interieur einer der jüngsten Rechtslenker-Enten: Die Bedienungsorgane sind nach wie vor auf das Wesentliche reduziert.

Eine Ente aus frühester England-Produktion mit der dort serienmäßig angebrachten Kühlerfigur. Nur wenige solcher Autos existieren noch; dieses gehört dem 2 CV Club in Brighton.

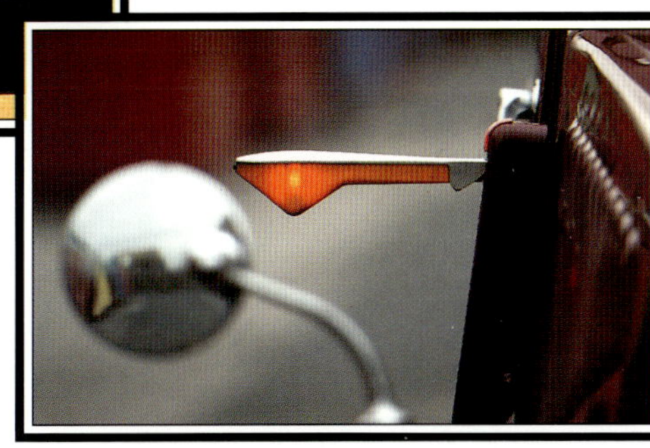

Der in Slough hergestellte und mit Rechtslenkung versehene 2 CV wies als Besonderheit pneumatisch betätigte Winker auf und Klappscheiben auch in den hinteren Türen – das gab es sonst nirgendwo.

Gelbes Scheinwerferlicht war auf französischen Straßen bis vor kurzem obligatorisch, und einem tiefschwarzen 2 CV steht das gelbe Licht besonders gut!

Der Tachometer saß nur bei Rechtslenkern in der Mitte, sonst am linken Fensterpfosten. Das Instrument auf der kleinen Tafel ist das Ampèremeter.

7 STILFRAGEN

1984 gab die Citroën-Zentrale in Neuilly, Paris, eine Sonderausgabe ihres Firmenmagazins Double Chevron heraus, die ausschließlich dem 2 CV gewidmet war und eine Reihe von Aufnahmen David Sparrows enthielt. Zwei der Bilder kamen in die engere Wahl eines Wettbewerbs der deutschen Zeitschrift Leica Fotografie. Mit ihnen gewann Sparrow einen Preis sowie den Titel »Meister der Leica«.

Er sagt: »Der 2 CV war das erste Auto, das für mich als Fotograf einen besonderen Reiz als Designkonzept verkörperte. Welche Formenvielfalt auf Rädern! Ich hatte zwar schon öfter 2 CV-Bilder geschossen, aber diesmal hatte ich es mit Models versucht. Und ich merkte sehr bald, daß gerade zu einem solchen Auto Menschen mit ins Bild gehören. Im Vergleich zur Ente hat man bei vielen anderen Fahrzeugen das Gefühl, als seien diese gar nicht einmal dafür konzipiert, Menschen zu befördern, sondern stilistische Selbstzweckübungen. Welch ein Unterschied zum 2 CV, der alles bietet, was man benötigt, um von A nach B zu kommen, nicht mehr, aber auch keineswegs weniger. Reduktion aufs Wesentliche, auf die Bedürfnisse des Benutzers, und das mit Esprit und technischem Einfallsreichtum. Ein solches Auto ist einmalig.«

Die vor zehn Jahren für Double Chevron *gemachten Aufnahmen auf dieser und den nachfolgenden vier Seiten sind seither noch nie wieder veröffentlicht worden.*

Ein 2 CV mit ganz eigener Identität, wie ja wohl auch sein Besitzer zu demonstrieren weiß!

Vor vielen, vielen Jahren wollte kein 2 CV-Liebhaber es für möglich halten, daß Citroën es je zustande bringen könnte, die Produktion der Ente einzustellen. Man hätte es besser wissen müssen. Und im Glauben an die unbegrenzte Lieferbarkeit sämtlicher Ersatzteile gingen viele Fahrer mit ihren Autos sorglos um, fanden es sogar schick, den Kotflügeln absichtlich Beulen zu verpassen. Diese Zeiten sind vorüber; Liebhaber geben acht, daß ihrer Ente nichts Böses widerfährt, sie sehen einen künftigen oder auch schon gegenwärtigen Klassiker in ihrem Auto und kümmern sich beizeiten um die Besorgung von Ersatzteilen für den Fall aller Fälle.

Ein in vielen Pariser Verkehrsgefechten ehrenvoll ergrauter Veteran mit den Spuren seiner sicher inhaltsreichen Vergangenheit…

…im Kontrast zu diesem provençalischen Arbeitstier, an dem das rustikale Leben ganz andere Spuren zeichnete.

Wem Schwarz zu seriös ist, Gelb zu auffällig, könnte sich für den schwarz-gelben Kompromiß entscheiden.

-08-RY
FD-81-ZX

LJM 427

Auch Rot und Grün sind reizvolle Kontraste für einen 2 CV.

Vielleicht ist die Farbgebung aber auch von geringerer Bedeutung. Hauptsache, es ist ein echter 2 CV!

D562 APD

»Unsere Ente – weißt du noch?«
Ein Leuchten kommt in die
Augen derer, die sich sehr gut daran erinnern, daß ihr erstes
Studenten-, Familien-, Berufs- oder
Abenteuerfahrzeug ein
Citroën 2 CV war. Und noch
immer gehört das Herz Hunderttausender diesem Auto, das in der
Nachkriegsgeschichte zu
einer Legende wurde...

P.S.

Die Bilder in diesem Buch habe ich im Verlaufe etlicher Jahre aufgenommen, mit verschiedenen Leica-Modellen, und in einigen Fällen mit einer Hasselblad.

Meine erste Leica war eine Leicaflex, und mit ihr begann ich die Welt mit anderen Augen zu sehen. Nichts vollzog sich automatisch, alles mußt man selbst messen und einstellen. Das Gerät war langsam, man mußte seine Arbeitsweise darauf einrichten. Aber ich habe dadurch viel gelernt. Meine nächste Kamera war ein ähnliches Gerät, dann erwarb ich eine elektrisch arbeitende R4 S. Mit ihr ließ sich sehr viel schneller, also auch journalistischer vorgehen. Aber man konnte sie auch manuell bedienen, und das tat ich bald immer häufiger. Schließlich bekam ich eine R6, wieder völlig manuell, und zu ihr paßten auch all meine bisher gekauften Objektive vom 16-mm-Fisheye bis zum 560-mm-Tele.

Beste Erfahrungen machte ich mit Kodachrome-Filmen, und solche benutzte ich auch vorzugsweise für die Bilder in diesem Buch. Leica-Objektive eignen sich gut für sie.

David Sparrow